Description des objets les plus remarquables de la
collection de sculpture antique de M. A. de Montferrand.
St Pétersbourg, 1852.
(texte in-8º.)
[my. Planches, 5, 6, 9, 10, 13, 14, 15.]

V

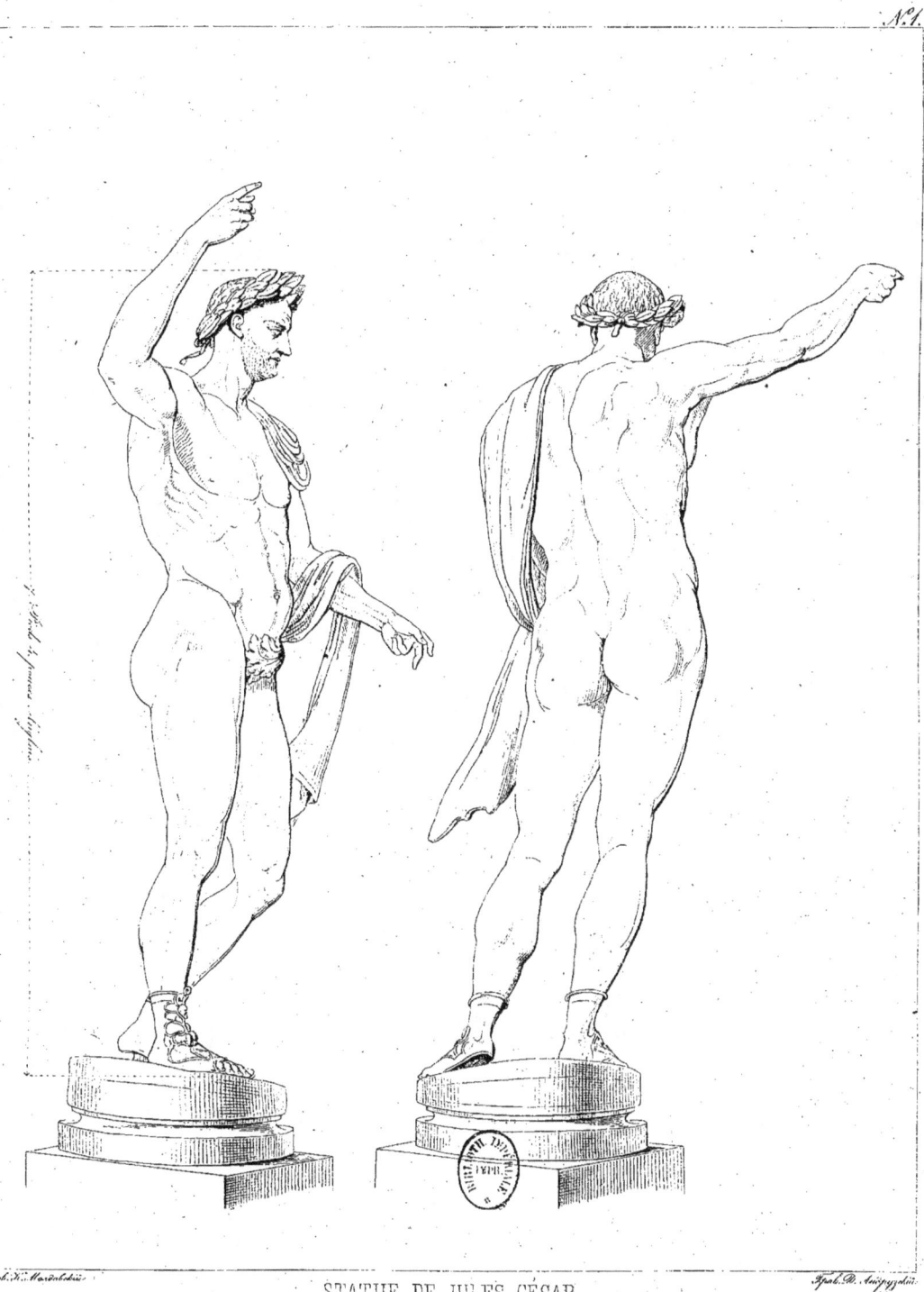

STATUE DE JULES CÉSAR
(Tirée de la collection de M. de Montferrand)

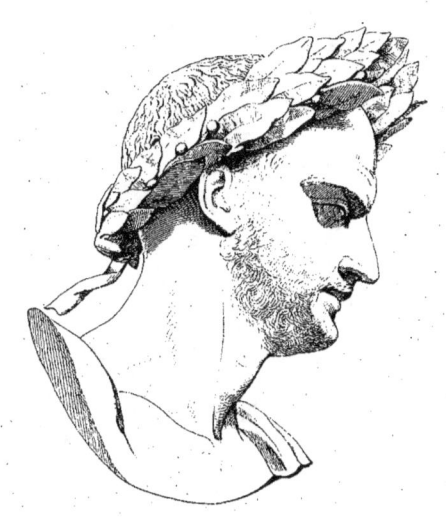

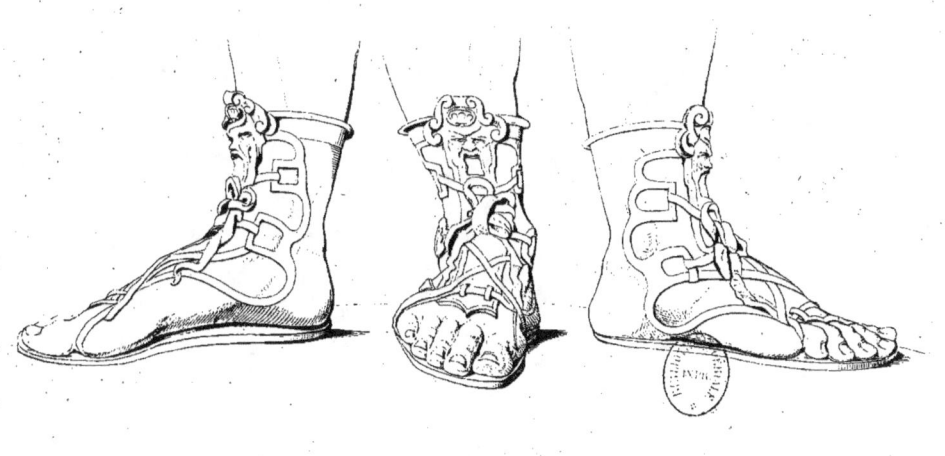

DÉTAILS DE LA STATUE DE JULES CESAR.
De la collection de Mr de Montferrand.

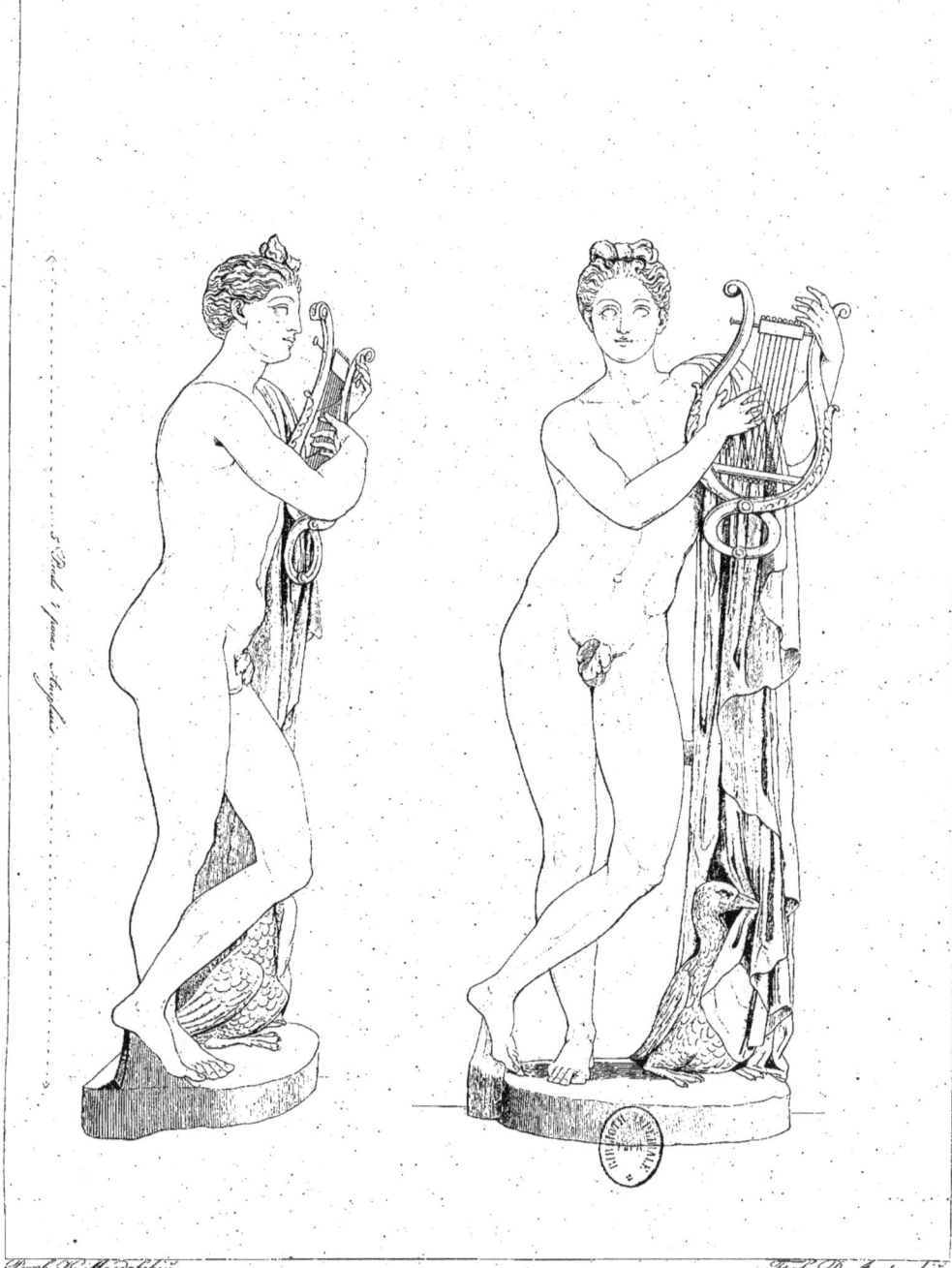

APOLLON CITAREDE.
De la collection de M. de Montferrand.

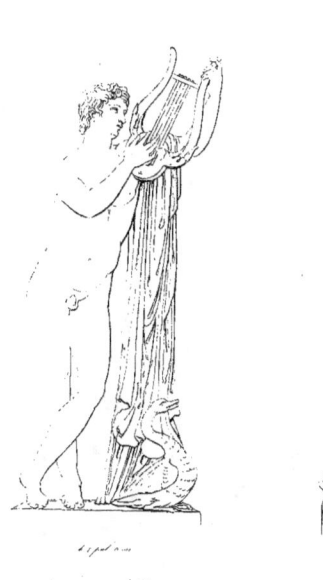
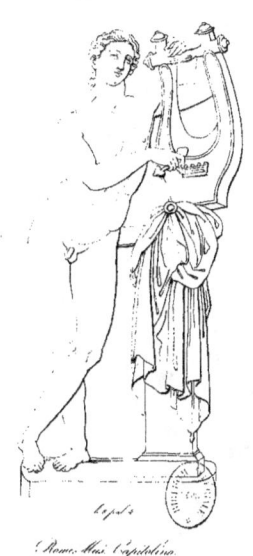

STATUES ANTIQUES D'APOLLON.

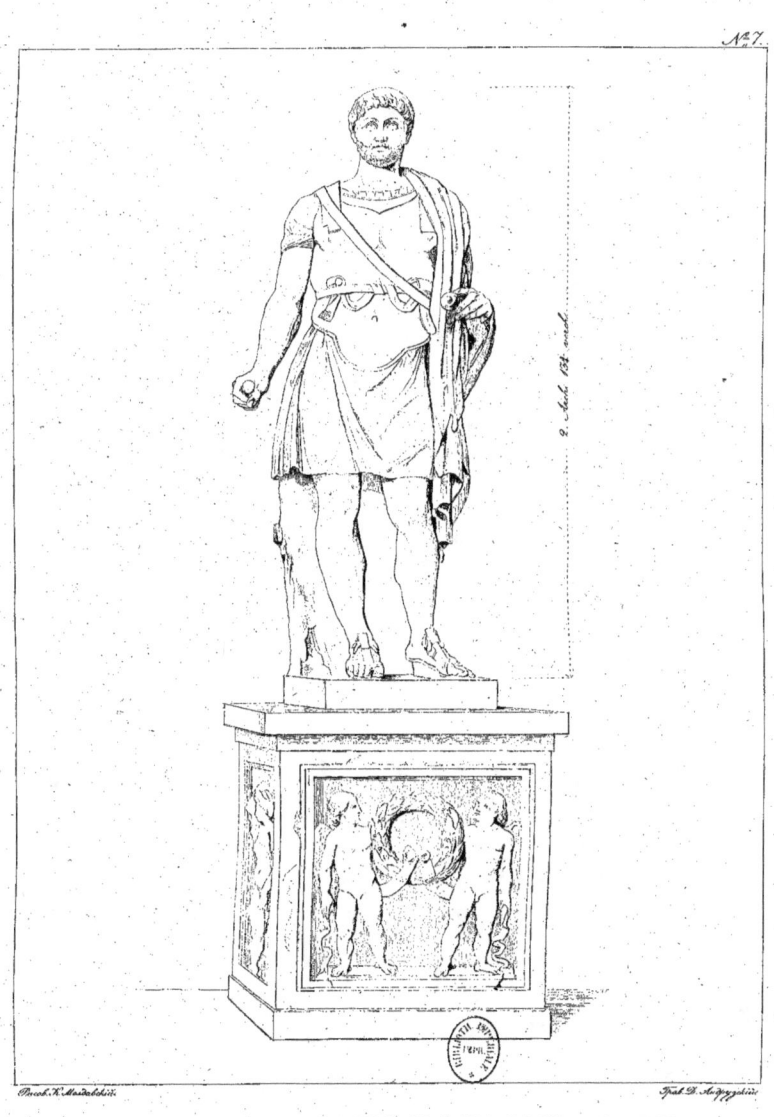

STATUE ANTIQUE EN MARBRE DE L'EMPEREUR HADRIEN.
De la collection de M.r de Montferrand.

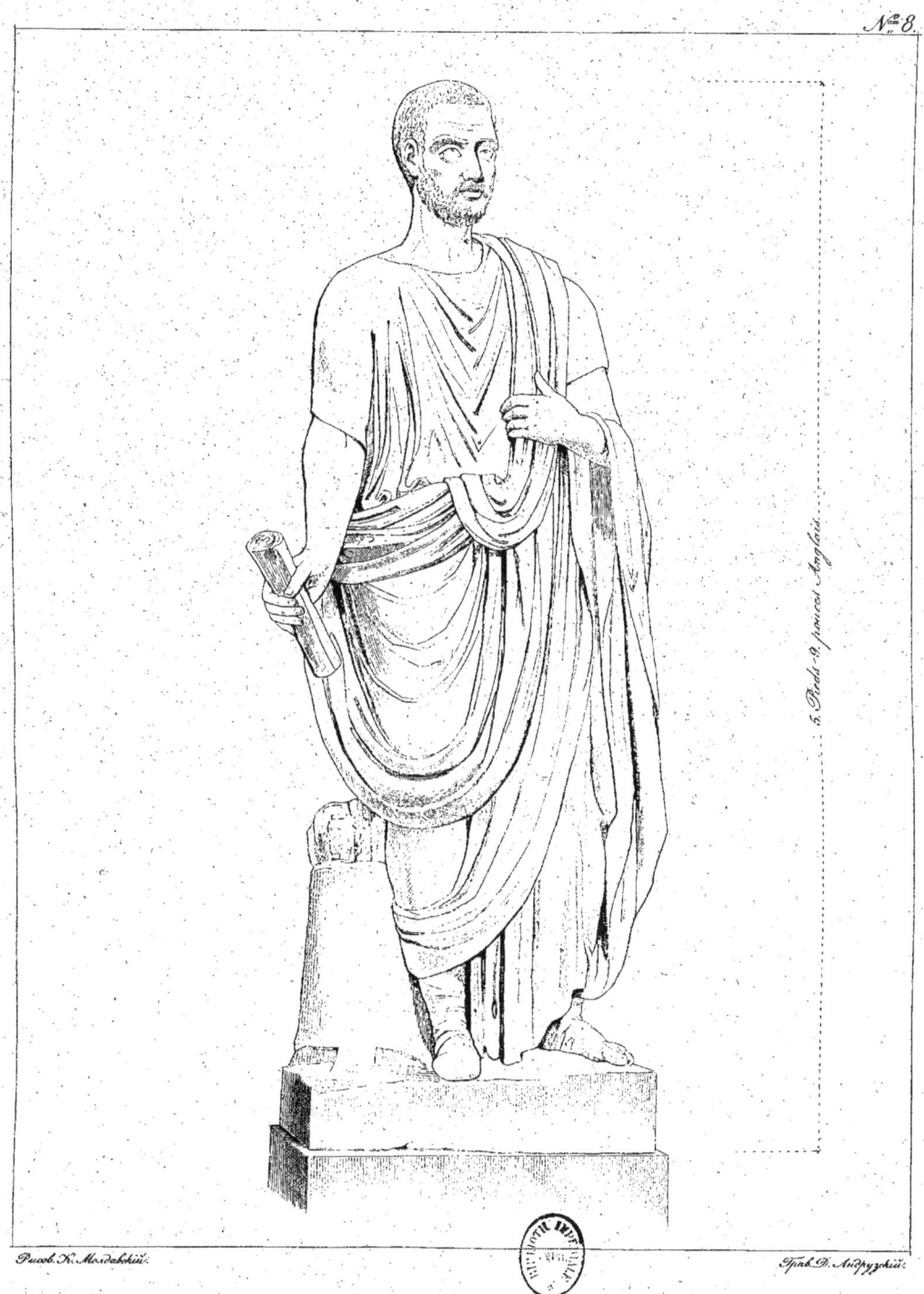

STATUE MUNICIPALE ROMAINE.
De la collection de Mr. de Montferrand.

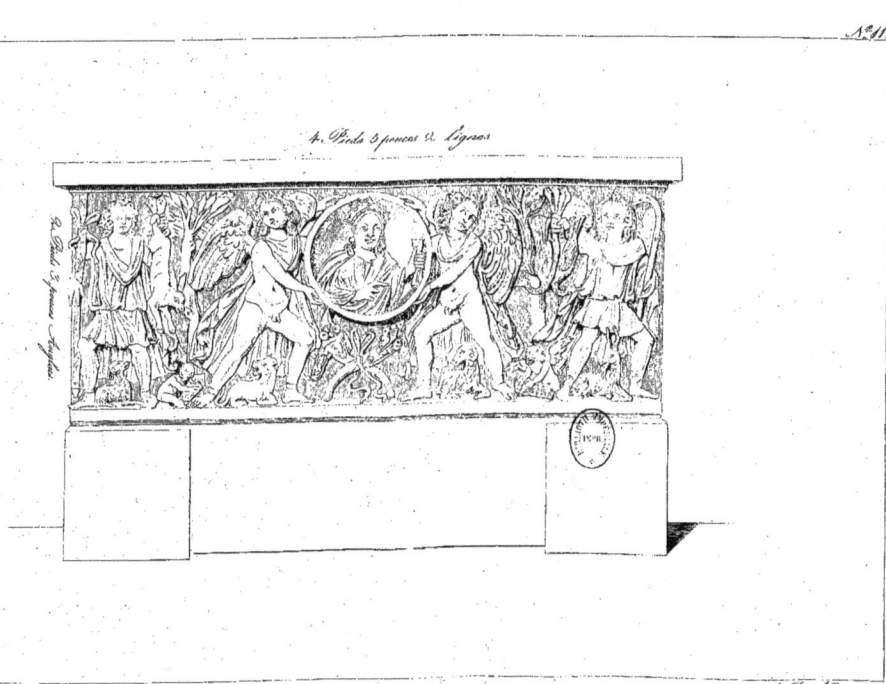

SARCOPHAGE ANTIQUE EN MARBRE

De la collection de M.r de Montferrand

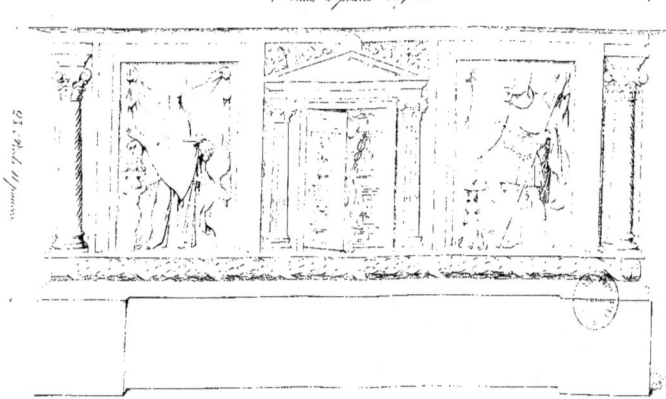

SARCOPHAGE ANTIQUE EN MARBRE PENTELIQUE
De la collection de M. de Montferrand

www.ingramcontent.com/pod-product-compliance
Lightning Source LLC
Chambersburg PA
CBHW030111230526
45471CB00003B/1359